中国少年儿童科学普及阅读文库

探索·科学百科 ™

中阶

庞贝古城之谜

中国少年儿童科学普及阅读文库

TANSUO
KEXUEBAIKE
★★★★★
2级D3
探索·科学百科

[澳]梅瑞迪斯·柯思坦 ⊙ 著

邵白(学乐·译言) ⊙ 译

Discovery

EDUCATION ™

全国优秀出版社
全国百佳图书出版单位

广东教育出版社 掌乐

广东省版权局著作权合同登记号

图字：19-2011-097号

本书原由 Weldon Owen Pty Ltd 以书名*DISCOVERY EDUCATION SERIES · The End of Pompeii*

（ISBN 978-1-74252-180-0）出版，经由北京学乐图书有限公司取得中文简体字版权，授权广东教育出版社仅在中国内地出版发行。

图书在版编目（CIP）数据

Discovery Education探索·科学百科.中阶.2级.D3，庞贝古城之谜/[澳]梅瑞迪斯·柯思坦著；邵白（学乐·译言）译. —广州：广东教育出版社，2014.1

（中国少年儿童科学普及阅读文库）

ISBN 978-7-5406-9302-2

Ⅰ.①D… Ⅱ.①梅… ②邵… Ⅲ.①科学知识－科普读物 ②古城遗址（考古）－意大利－少儿读物 Ⅳ.①Z228.1 ②K885.468-49

中国版本图书馆 CIP 数据核字(2012)第153090号

Discovery Education探索·科学百科（中阶）
2级D3 庞贝古城之谜

著 [澳]梅瑞迪斯·柯思坦 译 邵白（学乐·译言）

责任编辑 张宏宇 李 玲 丘雪莹 助理编辑 胡 华 于银丽 装帧设计 李开福 袁 尹

出版 广东教育出版社
地址：广州市环市东路472号12-15楼 邮编：510075 网址：http://www.gjs.cn
经销 广东新华发行集团股份有限公司 印刷 北京顺诚彩色印刷有限公司
开本 170毫米×220毫米 16开 印张 2 字数 25.5千字
版次 2016年5月第1版 第2次印刷 装别 平装

ISBN 978-7-5406-9302-2 定价 8.00元

内容及质量服务 广东教育出版社 北京综合出版中心
电话 010-68910906 68910806 网址 http://www.scholarjoy.com
质量监督电话 010-68910906 020-87613102 购书咨询电话 020-87621848 010-68910906

Discovery Education 探索·科学百科（中阶）

2级D3 庞贝古城之谜

全国优秀出版社
全国百佳图书出版单位　广东教育出版社

目录 | Contents

古罗马的生活

古罗马是一个嘈杂的大城市，到处可见美丽的庙宇和重要的公共建筑。在去工作或学校的路上，人们匆忙地穿过拥挤的街道，避开路上的战车。大街小巷两旁是成排的商铺和住宅。富人住在豪华的家中，随心所欲地驱使着奴隶为他们做事。

罗马士兵

古罗马拥有一支训练有素的军队，经常为古罗马帝国四处征战，征服其他国家。军队中有步兵部队，被称作军团兵，还有骑马的骑兵部队。

从古罗马到庞贝

罗马是古罗马帝国的中心，庞贝位于古罗马东南方向210千米处。

意大利
罗马
庞贝

头盔

矛

盔甲

盾

古罗马社会中的人

皇帝和他的家族处于古罗马社会的顶层，奴隶则在底层，他们之间被明确地区分为上层阶级和下层阶级。

皇帝

皇帝是古罗马最具权力的人。所有人都必须服从他。他穿着色彩鲜艳的绣花长袍——也就是刺绣托伽。

皇帝的妻子

尽管皇帝的妻子没有权力，但是，古罗马的臣民都很尊敬她。她穿着华丽，生活奢华。

元老院议员

上层阶级的成员被称作贵族。贵族中的男性可以成为元老院的成员，并参与到帝国治理中。

奴隶

奴隶是其主人的财产，几乎没有任何权利。有些奴隶最终获得了自由，但是奴隶中的绝大部分一生都是被奴役的。

平民

下层阶级的成员被称作平民。他们占据了古罗马人口的大部分，从商人到获得自由的奴隶，不一而足。

火山爆发前

与其他古罗马城市相似，庞贝的城市布局纵横交错，街道上的房屋和住宅排列成行。环绕城市的城墙有七座门，街道由火山灰方砖铺就而成，两侧的人行道略高于街道路面，便于行人行走。自来水通过下水道直接进入富有家庭的私人浴室，贫穷的市民不得不在街道公共浴室洗澡。庞贝城中心有一个露天广场，用来进行公共讨论，广场四周都是公共建筑，像法院、办公厅、角斗场、庙宇和公共浴室等。最富有的市民家外墙上绘有当地神灵的彩色绘画。

庞贝城

公元前27年，古罗马帝国的第一位皇帝奥古斯都统治了富庶的庞贝城。这座繁忙的城市至少有12 000人，其中多是商人和店铺老板。

古罗马公寓

人们住在被称为"因苏拉"（insulae）的拥挤公寓里。这种公寓通常有三四层高。

运输货物

马和骡子拉着三轮车在城中运输货物。牛套上轭拉着推车或货车。奴隶也搬运着货物，或是拉着满载货物的车。

临街小贩

因为几乎很少家庭有厨房，所以大部分人会直接在食物摊或者临街小贩那里买现成的食物。有些人会用轻便的炉子在街上做饭。

露台

很多楼房都有露台，人们坐在露台上呼吸新鲜空气或是晾晒洗过的衣物。

商铺

庞贝城没有大型店铺。人们都去专营某种商品的小商铺里买东西。

水

当地有专门的引水管输送干净的淡水到每一个十字路口饮水处。

火山爆发

地球板块运动造成了地中海北岸的火山喷发和地震。地中海地区有两个主要火山带：一个在意大利周边，另一个在希腊群岛。大约公元79年8月24日下午1点，距离庞贝城8千米处的维苏威火山开始喷发，大量炽热的火山灰、岩浆以及硫磺气体喷向空中。第二天，火山碎屑流淹没了整个城市，庞贝被埋在了3米厚的火山灰和浮石下。

不可思议！

在公元79年维苏威火山喷发前，当地人并不知道这是一座火山，那时，它已经有300年没有喷发了。之后，庞贝被深埋在地下，人们也忘记了这座城市曾经存在过。

沉睡的巨龙

维苏威火山在1944年之前曾多次喷发。意大利西西里岛上的埃特纳火山每隔几年就会喷发一次。维苏威对于那不勒斯来说是一个很大的威胁，这座城市就在维苏威山脚下。

庞贝惊魂

　　维苏威火山的喷发伴随着强烈的爆炸，火焰、浓烟和火山灰直冲云霄。火山石砸向庞贝城，空气中充满了火山灰。庞贝人带着他们能带走的财产尖叫着冲上街道，拼命地逃跑。

火山灰沉降层
　　赫库兰尼姆城被维苏威火山喷发出的火山灰和其他从空中掉落的火山岩碎片完全埋葬。

最后的逃亡
　　赫库兰尼姆人奔向港口船库，希望可以通过海路逃生。

逃亡还是灭亡

火山喷发的持续时间超过 24 小时。只有在最初几小时就逃生的人才有一线生存希望。附近的港口小镇赫库兰尼姆的居民带着珠宝和钱币冲向船坞，不顾一切地逃亡。但没有足够的船让所有人逃生。到了午夜，炽热的火山灰、浮石、岩石碎块和致命的有毒气体毁灭性地袭来，吞噬了赫库兰尼姆，然后是庞贝。

船入大海

上船是个危险的选择，但这也是赫库兰尼姆人绝望逃生的唯一路线。

解读历史

20世纪80年代，考古学家在挖掘赫库兰尼姆的废墟时发现了约250具人类骸骨，这些骸骨在海岸边成排的船库拱廊入口处挤作一团。这些发现帮助科学家还原了当日在赫库兰尼姆发生的一切：大部分人都是在笼罩城市的强烈高温下骤然死亡的。

危险的海域

火山喷发带来了狂风和地震，使得那不勒斯湾的海水异常狂暴。

毁灭时刻表

维苏威山是世界上最危险的火山之一。在埋葬庞贝之前，这座火山在公元前 1800 年左右的几次强烈喷发也吞噬了不少村庄。在公元 79 年后，维苏威多次喷发，最近一次是在 1944 年。所有喷发在规模和猛烈程度上都不尽相同，但是它们都可归结为"普林尼式"喷发——火山灰和柱状气体向空中喷射长达数千米。这一名称是根据公元 79 年这次喷发的目击者小普林尼的名字命名的。

该地区的死亡人数估计在 3 000~10 000 之间。

记录历史

盖尤斯·普林尼·采西利尤斯·塞孔都斯（公元 61~115 年），也被称作小普林尼，是罗马帝国官员、律师和作家。他的信件是了解古罗马历史的一个重要来源。

> **云团伸展下降到地面，覆盖住大海。**
>
> ——小普林尼

历史上的维苏威火山喷发

人们对于维苏威的喷发其实并不应该那么惊奇。只是当地的居民并没有注意到维苏威历史上的强烈喷发，也没有发现它最近的一系列震动实际上预示着它可能再次喷发。

公元前 16300 年：
这是维苏威火山第一次普林尼式喷发，之后还有一系列威力较小的喷发。

公元前 14000 年：
这是第二次普林尼式喷发，发生在第一次喷发之后 2 000 年左右。

公元前 6940 年：
这次喷发之后，在山顶形成了一个陷落火山口。在此之前 4 000 年，还发生过一次小型喷发。

公元前 1800 年：
这次喷发摧毁了几个青铜器时代的定居点。浮石和火山灰埋葬了很多村庄。

公元前 217 年：
根据冰芯样本、地震和"黯淡的太阳"的相关记载推测，这一年火山很可能喷发了。

公元 79 年：
火山喷发造成了地形的改变，并引起了那不勒斯湾轻微的海啸。

1.下午

云团从山上升起……就像一棵松树。它不断向天空中上升，就像是一个长长的树干，树干外面还有一些枝杈。

2.晚上

火山灰落在船上，越晚落下的，颜色越黑越浓。燃烧着的小块乌黑浮石和岩石也夹杂其中。

3.第二天

之后不久，云团伸展下降到地面，覆盖住大海。它环绕住卡普里岛，使其消失不见。

目击者

关于火山喷发，17岁的小普林尼是最早的目击者。维苏威火山喷发时，他正在那不勒斯湾的对岸。

凝固的火山灰

　　维苏威火山喷涌出巨大的火山灰柱，水随之而来，火山灰变成了泥浆。不久又变成了膏体，然后凝固，将所有一切埋葬其中。

灾难现场

　　火山喷发使得庞贝被掩埋在3米多厚的火山灰下。赫库兰尼姆距离庞贝非常近，这座城镇被埋在20米厚的火山沉积物下。这个地区的很多村庄都被摧毁了。

灾区救援

　　火山喷发后的几个月，罗马皇帝提图斯对重灾区实施救援。幸存者回到这里，发现家园只剩一片废墟。灰层中露出的房屋一角，让他们认出那里是自己曾生活过的地方。

赫库兰尼姆

庞培

火山沉积物的等级

火山爆发后

尽管维苏威火山的喷发夺去了成千上万人的生命，但庞贝城的大部分居民还是得以逃生。在火山喷发最开始几个小时内逃离的人们最终活了下来。有些人只随身带了些东西，有些人则用驴车拉走了他们的财物，还有一些人把值钱的家当锁了起来，准备等他们回来再取回。他们丝毫不知自己的家将完全掩埋在火山岩碎片下。

被掩埋的房屋

高层住宅和高大建筑的屋顶成了这个繁荣的城市曾经存在过的唯一证明。

幸存者归乡

火山喷发后不久，许多幸存者回到这座城市，想要取回当时留在家中的东西。

废物利用

一些房主和抢掠者人火山沉积物下挖出隧道，试图找到可以废物利用的东西，例如铅、铜和大理石。

制作马赛克

　　工匠用锤子和凿子把大理石和沙石砸成碎块，这些碎块和玻璃碎块统称为"镶嵌物"，按照某种模型或者图案被镶嵌进灰浆层中，然后进行清洁和抛光。这种镶嵌模型或图案称为马赛克，主要用于墙面、地面装饰。

惊人的发现

庞贝就这样被埋葬、抛弃、遗忘了数个世纪。1599 年，在沙诺河谷工作的人们挖出了带着彩绘的古代墙体。由于没有意识到这些东西的重要性，一名建筑师又命令他们把墙体再次掩埋。在之后的几个世纪，更多的遗址被发掘，其中包括 1738 年发掘出的赫库兰尼姆的港口。1748 年，挖掘庞贝的工作终于开始，但是直到 1763 年，一座雕塑上的铭文才证实了，这就是那个闻名于世的消失之城。

挖掘马赛克

考古学家必须小心谨慎地对马赛克和绘画进行挖掘，以确保这些珍贵的艺术作品不被损坏，有时会在原址上放入复制品。庞贝农牧神神庙的亚历山大马赛克就是这么处理的。

> 很多人猜测，整个宇宙陷入进了永恒的黑暗之中。

——小普林尼

挖掘受难者

尽 管很多庞贝城人得以逃生，但有一些人却不那么幸运：一些老人和病人无法逃走，也有一些人不顾危险警告，或以为在火山喷发结束前，他们待在家中会更为安全。这些人的尸体在火山灰硬化形成的墓穴里被重新发现。火山灰让每个人都保留下一个身体的印刻或模具，正是他们死亡那一刻的样子。

家族成员集体死亡

考古专家团队小心地取出这些被保存下来的遗体。在庞贝发现了一些家庭成员集体死亡的家族，有一个13口之家的大家庭成员蹲伏于一幢住宅的密室中死亡；还有一个家庭成员死亡时在楼梯处挤作一团。

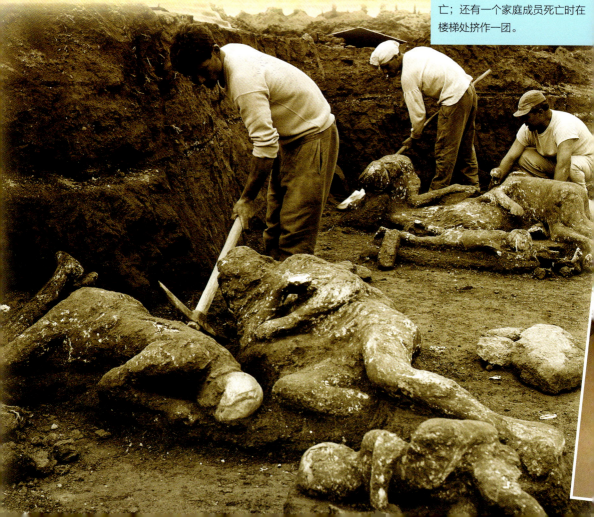

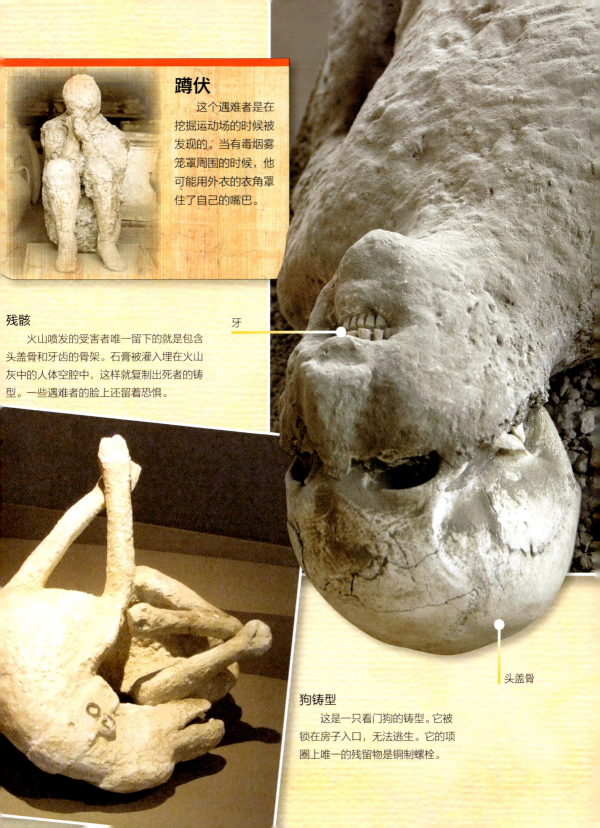

蹲伏

这个遇难者是在挖掘运动场的时候被发现的。当有毒烟雾笼罩周围的时候，他可能用外衣的衣角罩住了自己的嘴巴。

残骸

火山喷发的受害者唯一留下的就是包含头盖骨和牙齿的骨架。石膏被灌入埋在火山灰中的人体空腔中，这样就复制出死者的铸型。一些遇难者的脸上还留着恐惧。

牙

头盖骨

狗铸型

这是一只看门狗的铸型。它被锁在房子入口，无法逃生。它的项圈上唯一的残留物是铜制螺栓。

制作铸型

1860 年，意大利考古学家朱塞佩·费奥雷利发现了一种重现被埋葬在硬化的火山灰中的人体的方法。他将液体石膏灌入遇难者肌肉和衣物都腐烂了的火山灰空腔中。这一技术还被用于还原房屋的门、窗和楼梯。最近，这项技术更是帮助考古学家完成了植物根部的铸型。庞贝的一些花园得以重现，到处都是鲜花和果树。今天，石膏已经被环氧树脂所取代。

石膏铸型的原理和明胶填充模具是一样的。

被埋葬的人体
将近 2 000 人被埋在庞贝火山灰下窒息而死。随着火山灰的堆积，火山灰使得遇难者的身体、饰物硬化，将他们掩埋起来。

保持原样
很多人体残骸还都保持着他们死前的样子，用手遮住脸。

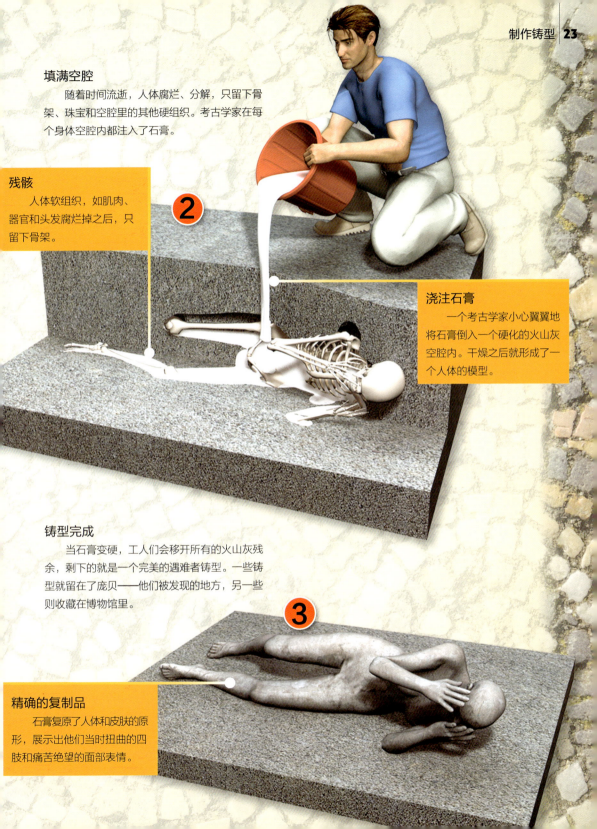

填满空腔

　　随着时间流逝，人体腐烂、分解，只留下骨架、珠宝和空腔里的其他硬组织。考古学家在每个身体空腔内都注入了石膏。

残骸

　　人体软组织，如肌肉、器官和头发腐烂掉之后，只留下骨架。

2

浇注石膏

　　一个考古学家小心翼翼地将石膏倒入一个硬化的火山灰空腔内。干燥之后就形成了一个人体的模型。

铸型完成

　　当石膏变硬，工人们会移开所有的火山灰残余，剩下的就是一个完美的遇难者铸型。一些铸型就留在了庞贝——他们被发现的地方，另一些则收藏在博物馆里。

3

精确的复制品

　　石膏复原了人体和皮肤的原形，展示出他们当时扭曲的四肢和痛苦绝望的面部表情。

重建历史

如今，考古学家已经将庞贝城的三分之二发掘出来。这些建筑和物品帮助我们去想象在维苏威火山喷发前这个城市的生活是什么样子的。墙上绘有关于日常生活的壁画，包括当时人们的样貌和穿着。富人的住宅里有一块区域叫做列柱廊。这种非正式的起居区域有顶有廊柱，被花园或者天井围绕。

房间
这个小房间被用作卧室。

中庭
通过屋顶上的洞来采光。

储藏室

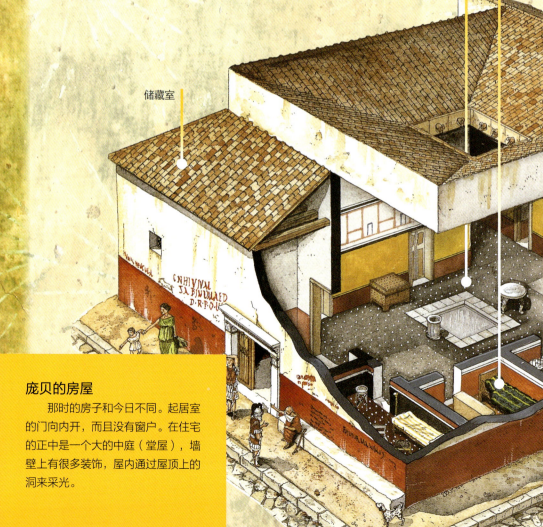

庞贝的房屋

那时的房子和今日不同。起居室的门向内开，而且没有窗户。在住宅的正中是一个大的中庭（堂屋），墙壁上有很多装饰，屋内通过屋顶上的洞来采光。

房屋内部

在维纳斯神庙的重建中发现，列柱廊的内墙上有生动的壁画，四周镶嵌有石柱。

面部重现

利用电脑程序、头盖骨上的骨头和古罗马的艺术作品，考古学家们将庞贝人的面部复原了。

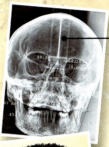

头盖骨

头盖骨是复原工作的起点。

细节

发型和眼睛的颜色是按照绘画中的样子复原的。

谈话间

这是一个大的公共房间。

CEIVM SECVNDVM

列柱廊

这是一个非正式的起居区域。

室外花园

头盖骨的秘密

一个科学家正在研究一个被挖掘的头盖骨。她试图寻找有关2 000年前的人的身高、饮食和健康方面的线索。

被挖掘出的头盖骨

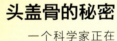

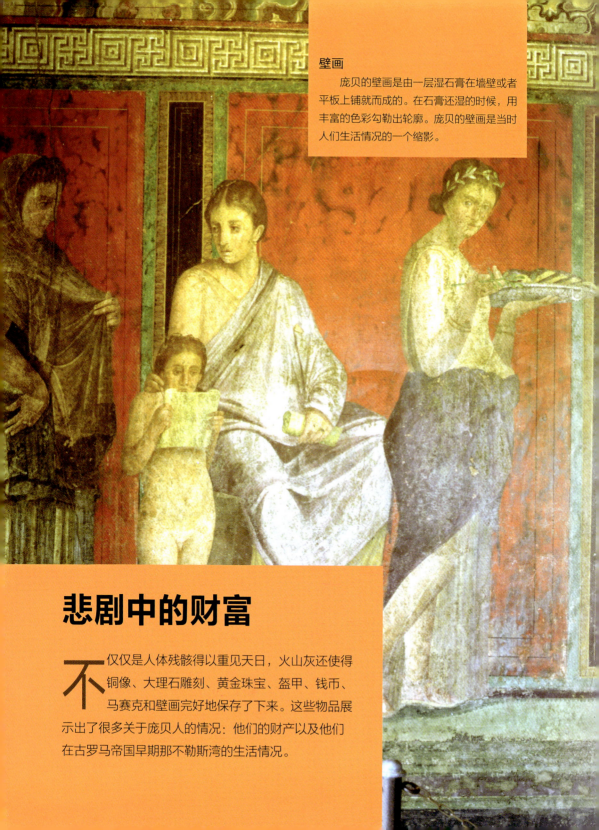

悲剧中的财富

不仅仅是人体残骸得以重见天日，火山灰还使得铜像、大理石雕刻、黄金珠宝、盔甲、钱币、马赛克和壁画完好地保存了下来。这些物品展示出了很多关于庞贝人的情况：他们的财产以及他们在古罗马帝国早期那不勒斯湾的生活情况。

头盔

铜制头盔上相互连结的圆圈网格可以保护角斗士的面部不受伤害，头盔的边沿可以保护头部的侧面和后面。头盔上大力士赫拉克勒斯的雕刻则是力量和胜利的象征。

蛇形臂章

这个缠绕的蛇形臂章以纯金打造，象征着"永生"，古罗马人还认为蛇能带来好运，蛇形图案守护着喷泉和家宅，还被用做手镯装饰。

大理石皇帝像

这个半身像是年轻的提比里乌斯（公元前42年~公元37年）。他是古罗马帝国的第二位皇帝，公元14~37年在位。很多富人都会在他们房屋的门廊里展示一些重要人物的大理石半身像。

角斗士的短剑

这把青铜剑是在角斗士的营房里发现的。大多数角斗士都是奴隶或者战俘，他们被训练来参加格斗打死对方，以娱乐公众。

神灵

这面马赛克墙发现于赫库兰尼姆的一处房屋中，它描绘的是古罗马海神尼普顿和女神维纳斯。很多精美的马赛克都是画在木画板上的古希腊绘画的复制品。

银器

贵重的物品，比如这个银质酒杯，散落在房屋的周围，还有一些被藏在楼梯井中。人们在逃亡时，匆匆忙忙捆绑了一些他们能拿的东西。

参观今天的庞贝

庞贝的挖掘让我们有机会一睹 2000 年前古罗马人的日常生活。走在被挖掘出的街道上、穿过建筑遗址时，我们可以想象市场里忙忙碌碌的顾客，躺在睡椅上或正泡热水澡的人，和家人朋友闲聊或是谈论政治的人。你似乎都可以听到斗兽场里角斗士兵戎相见的声音，闻到面包房烤炉里面包的香味。

餐厅

残破的台阶、摇摇欲坠的墙壁和石头地板，这就是餐厅遗留下来的所有物件。顾客们来这里放松，游戏，享用美食。

剧院

这种露天剧院和古希腊剧院相似，有很多阶梯供人们席地而坐，还有一块属于演员和布景的区域。

铺好的街道

街道和人行道主要由玄武岩铺成，这是一种坚硬、光滑的火山岩，有水时更滑。垫脚石可以帮助行人过马路。

热水浴

公共浴室分男女浴室。洗浴的人常穿行在一个又一个洗浴间内，这些房间的温度一个比一个高。这里还有更衣室和卫生间。

面包房

考古学家在庞贝找到了33家面包房。有一家还留下了几块已经碳化的面包。这表明在火山喷发时，面包房里的烤炉还在使用。

维苏威火山

铜像

时光胶囊

庞贝就是古罗马生活的时光胶囊。你可以游走在街头，参观斗兽场、剧院和住宅，还可以欣赏雕像、壁画和马赛克，甚至还可以去爬维苏威火山。

手工制作火山

自己制作维苏威火山，并观察它的喷发。

1 将衣物和报纸铺在地板、桌子或其他平整的地方，上面放煎锅或烤盘，然后把塑料瓶放在煎锅或者烤盘上。

2 用建模黏土在瓶子周围做出火山模型。确保黏土不会盖住瓶子或者掉入瓶中。

3 借助漏斗，用勺子把小苏打舀进瓶中。

4 滴几滴洗洁精，然后再往瓶中倒些水。

5 把醋放到小碗里，再加入几滴红色素给醋上色。

6 用漏斗小心地把上了色的醋倒入瓶中，然后迅速移开漏斗。

7 在火山喷发时向后退！

你需要:

☑ 把旧衣物和报纸放在煎锅下面（这个活动会有些脏乱！）

☑ 小塑料瓶

☑ 旧平底煎锅或者烤盘

☑ 建模黏土

☑ 漏斗

☑ 勺子

☑ 3~4勺小苏打

☑ 洗洁精

☑ 半杯水

☑ 小碗

☑ 半杯醋

☑ 食用红色素

知识拓展

水管 (aqueducts)
    将水从一处送往另一处的人造管道。

青铜时代 (Bronze Age)
    介于石器时代和铁器时代之间，武器和工具都由青铜制成。

陷落火山口 (caldera)
    由于火山喷发或者火山锥倒塌而形成的大火山口。

骑兵 (cavalry)
    被训练在马上打仗的士兵。

岩屑 (debris)
    碎石或者残骸。

环氧树脂 (epoxy resin)
    坚硬带黏性的材料，可用于制作防护涂料和胶水。

挖掘 (excavate)
    挖或取出某物。

壁画 (fresco)
    将水彩涂在湿石膏墙上的绘画形式。

角斗士 (gladiators)
    在斗兽场中，与他人或者野兽格斗，杀死对方，来取悦公众的人。

永生 (immortality)
    无限的生命。

火山岩浆 (lava)
    从火山中或者地壳破裂中流出的熔岩。

马赛克 (mosaic)
    一种用小片的彩色石头、玻璃或者砂浆瓷砖制成的平面装饰。

平民 (plebeians)
    普通的古罗马市民，一般被认为是社会下层人。

浮石 (pumice)
    一种较轻的火山石，内有空洞。

火山碎屑流 (pyroclastic flow)
    灼热的火山灰、浮石、岩石碎片和火山气体强烈崩塌，从火山一侧奔流而下。

古罗马帝国 (Roman Empire)
    在帝国最鼎盛时期，古罗马的疆土从英德一直延伸到波斯湾和北非。

废物利用 (salvage)
    将损坏的或者遗弃的材料保存起来留作他用。

构造板块 (tectonic plates)
    构成地壳基础的大的岩石板块。同时也是地震产生的根源。

镶嵌物 (tessarae)
    用于制作马赛克的小块石头、玻璃或者瓷砖。

托伽 (toga)
    在古罗马时期，男性在公开场合穿的一种宽松的围绕全身的外衣。

探索·科学百科™

Discovery EDUCATION™

世界科普百科类图文书领域最高专业技术质量的代表作

小学《科学》课拓展阅读辅助教材

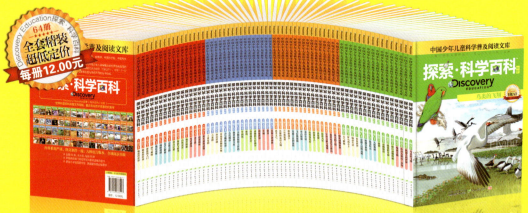

Discovery Education探索·科学百科（中阶）丛书，是7~12岁小读者适读的科普百科图文类图书，分为4级，每级16册，共64册。内容涵盖自然科学、社会科学、科学技术、人文历史等主题门类，每册为一个独立的内容主题。

Discovery Education
探索·科学百科（中阶）
1级套装（16册）
定价：192.00元

Discovery Education
探索·科学百科（中阶）
2级套装（16册）
定价：192.00元

Discovery Education
探索·科学百科（中阶）
3级套装（16册）
定价：192.00元

Discovery Education
探索·科学百科（中阶）
4级套装（16册）
定价：192.00元

Discovery Education
探索·科学百科（中阶）
1级分级分卷套装（4册）（共4卷）
每卷套装定价：48.00元

Discovery Education
探索·科学百科（中阶）
2级分级分卷套装（4册）（共4卷）
每卷套装定价：48.00元

Discovery Education
探索·科学百科（中阶）
3级分级分卷套装（4册）（共4卷）
每卷套装定价：48.00元

Discovery Education
探索·科学百科（中阶）
4级分级分卷套装（4册）（共4卷）
每卷套装定价：48.00元